DÉFENSE

DE LA

CONSTITUTION,

PAR UN ANCIEN MAGISTRAT.

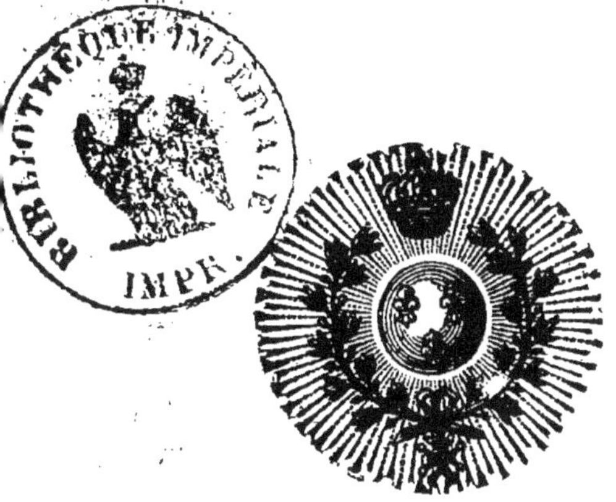

PARIS,

DE L'IMPRIMERIE DE J. G. DENTU,

Rue du Pont de Lodi, n° 3, près le Pont-Neuf.

1814.

DÉFENSE

DE LA CONSTITUTION.

Je ne crois pas que mes sentimens sur la restauration de l'antique trône des Bourbons, puissent être douteux pour aucun de ceux qui m'ont connu dans ma longue carrière politique. J'ai toujours pensé qu'à ce rétablissement était attaché le retour de la paix et du bonheur public. J'ai été plusieurs fois dénoncé pour cette opinion, dans les journaux de nos temps orageux, et je n'ai su pendant quelques mois où reposer ma tête. Sous Buonaparte, et dans un ouvrage publié en 1805, j'ai eu le courage d'exprimer ma manière de penser et mes regrets sur le sort de l'infortuné Louis XVI; et lorsque la Providence a voulu que, déjà parvenu à l'âge de 73 ans, je visse avant de mourir le retour de sa dynastie, c'est avec la plus vive effusion de cœur que j'ai prononcé le *Nunc dimittis* du vieillard Siméon.

Mais cela n'empêche pas que je ne ressente une profonde indignation en voyant chaque jour paraître des pamphlets où, sous l'apparence d'un entier dévouement à la cause de nos princes, *que l'on dessert bien réellement,* on ose soutenir que la France n'a pas besoin, ne veut pas de constitution, ou, ce qui est le même, qu'il ne lui en faut pas d'autre que celle qu'elle avait avant 1789; où l'on conseille ainsi aux Français de se livrer à un gouvernement illimité, toujours en contestation, et qui ne pourrait que donner lieu à de nouveaux orages; où méconnaissant déjà les services éminens que le sénat vient de rendre à la nation, au péril de sa vie, en prononçant la déchéance de Buonaparte et le rappel des Bourbons, on se déchaîne contre ce corps, parce qu'il a proposé une constitution libérale, dans laquelle il a eu le courage de se placer lui-même; où l'on revient sur le passé pour rendre le sénat seul responsable des effets d'un engoûment général qu'il avait prévu, et qu'il avait *inutilement voulu empêcher;* où enfin l'on s'en prend à lui seul de la levée des cent, deux cent et trois cent mille hommes, tandis que la nation s'offrait en masse pour assouvir l'ambition insatiable de ce conquérant, et par des adresses innombrables troublait les délibérations du sénat, et rendait toute opposition aussi vaine que dangereuse.

Quod genus hoc hominum!

Reprenons chacune de ces propositions.

La France ne veut pas de constitution, dites-vous ; et moi je soutiens, au contraire, que toute la France veut une constitution, moins quelques coteries dont les individus espéreraient, mal à propos sans doute, avoir d'autant plus de pouvoir et de richesses, que le trône en aurait davantage à sa disposition.

Vous ne voulez d'autre constitution que celle qui régissait la France depuis mille ans ! Mais quelle était cette constitution ? Lisez donc notre histoire, et vous trouverez que la France n'en eut jamais de fixe. Depuis l'établissement de la monarchie, elle ne faisait que changer, de siècle en siècle, de lois toujours barbares, et qui n'étaient en dernière analyse que le triomphe de la force sur la faiblesse. Sous un roi habile et guerrier, le gouvernement devenait despotique ; sous un roi faible et mal-habile, c'étaient tantôt l'anarchie et tantôt l'aristocratie qui prévalaient.

Prenez-vous pour notre constitution ce qui s'observait dans les temps qui précédèrent immédiatement 1789, c'est-à-dire des parlemens qui luttaient sans cesse avec la cour sur l'enregistrement des lois et la levée des impôts ? une noblesse exempte de la contribution territoriale, quoiqu'elle possédât la meilleure partie du territoire, et à laquelle tous les grands emplois civils et militaires étaient exclusivement réservés ? un clergé qui, par ses richesses et ses priviléges, formait un état dans l'Etat, et avait, en conséquence, ainsi que la noblesse, ses justices particulières ?

Mais d'où venez-vous, et dans quelle île inaccessible avez-vous donc habité depuis vingt-cinq ans, pour oser nous proposer des choses aussi extraordinaires ? Ne voyez-vous pas que, depuis cette époque, tout a changé autour de vous ? La noblesse, la fortune, la part respective de lumières, l'armée, la nation elle-même en corps, tout a pris une face nouvelle. Une foule d'individus de ce que vous appeliez le *tiers-état,* sont parvenus, par leurs services, aux plus grands honneurs, et occupent presque toutes les premières places ; comment voulez-vous qu'ils s'accoutument aujourd'hui à reconnaître des supérieurs par la seule naissance, s'ils ne le sont en même temps de talens et de mérite (1) ?

____

(1) A Dieu ne plaise que je prétende enlever aux des-

Je passe sur les inconvéniens graves qui résultaient du nombre même des parlemens, et de leurs différentes manières de penser, qui faisaient que, dans quelques provinces, on suivait des lois, on levait des contribu-tions qui étaient rejetées dans d'autres. Mais comment remonteriez - vous aujourd'hui ces parlemens? Où sont ces présidens à mortier dont l'immense fortune leur donnait une con-sidération égale à celle des ducs et pairs, et une indépendance qui leur permettait de bra-ver les dédains et les menaces de la cour? Tout cela est passé sans retour, et il ne reste aux membres actuels des cours supérieures d'autres moyens de distinction que le savoir, l'intégrité et la modestie.

Avez-vous, d'ailleurs, oublié les querelles perpétuelles du roi avec les parlemens, les lettres de jussion, les lits de justice, les cessa-tions de service, les exils, les proscriptions que produisait nécessairement l'incertitude des limites de leur pouvoir respectif, et dont

---

cendans de nos grands hommes les égards et la défé-rence qu'on est si naturellement porté à leur rendre, mais il faut qu'ils les attendent, et qu'ils ne paraisssnt pas les exiger d'avance.

l'effet ordinaire était d'affaiblir l'amour des peuples pour le prince? Et comment pouvez-vous préférer un pareil ordre de choses à un système qui définit clairement les droits et les devoirs de chacun, et qui, pour me servir de l'expression propre de son altesse royale, MONSIEUR, *pondère* les différens pouvoirs qui constituent le gouvernement monarchique?

Enfin, vous ne voulez pas de constitution, tandis que le roi lui-même a reconnu, dans ses proclamations, qu'il fallait à la France une constitution libérale, que son Altesse royale, dans sa réponse au sénat, a reconnu la même nécessité, et que le magnanime Empereur Alexandre, a exhorté en conséquence le sénat à en proposer une qui fût digne des lumières du siècle (1)! Vous me permettrez sans doute, de préférer ces autorités à la vôtre.

Mais, s'il faut une constitution, que devait faire le sénat? Devait - il se creuser l'esprit pour en inventer une, et faire encore un essai

---

(1) « Vous êtes chargés, a-t-il dit, d'une des plus « honorables missions que des hommes généreux aient « à remplir, celle d'assurer le bonheur d'un grand peu- « ple par des institutions libérales. »

sur la nation française? Je crois que les gens sages et prudens penseront qu'il valait bien mieux s'attacher de suite à une constitution qui, de l'aveu de tous les publicistes, est la meilleure qui ait jamais existé, qui est la seule convenable à un grand état, qui a pour elle le sceau de l'expérience, et qui, depuis si long-temps, fait le bonheur et la prospérité de l'Angleterre.

Mais, dites-vous, cette constitution bonne pour l'Angleterre, ne peut convenir à une nation légère comme la nôtre ; les constitutions doivent changer avec les positions et les climats.

Cette objection est une *conjecture* plutôt qu'un raisonnement. Il n'est pas vrai que la légèreté soit une qualité de notre climat; l'empereur Julien disait qu'il se plaisait avec les Parisiens, parce qu'ils étaient graves comme lui. Ce sont plutôt les lois et les constitutions qui forment la qualité des mœurs et des esprits. Il ne faut donc pas dire qu'une constitution ne convient pas à une nation, parce que cette nation est légère, c'est-à-dire, n'a pas de caractère propre ; une bonne constitution doit nécessairement le fixer.

Nous voici arrivés à l'article sur lequel les

critiques s'appuient avec tant de complaisance pour lancer des sarcasmes contre le sénat. Ils passeraient volontiers toutes les autres dispositions de la constitution; ils conviennent même que le sénat doit être héréditaire, comme la chambre haute du parlement britannique, sur le modèle de laquelle il a été formé; et en effet, sans cette hérédité, il n'aurait aucune consistance, il ne différerait point d'une autre chambre des communes, il serait sujet à épouser toutes les passions du peuple, et n'aurait ni la considération, ni l'éclat nécessaire pour défendre le trône; mais les critiques ne peuvent souffrir que les sénateurs actuels, à leurs yeux si coupables de lâcheté, aient osé s'y placer eux-mêmes, et conserver leur traitement.

Cette objection n'est évidemment point dictée par l'amour de la patrie : elle n'est que l'explosion de l'orgueil et de la jalousie blessés au cœur.

Je ne sais pas quel est le corps de l'état, quel est même l'individu français qui ait le droit d'accuser le sénat de lâcheté, sous le gouvernement tyrannique de Napoléon. On apportait au sénat des projets de décrets délibérés par les ministres et le conseil d'état,

et que des orateurs de ce dernier corps ve-
naient défendre par des discours étudiés et
revus par Napoléon lui-même; une commis-
sion indiquée communément d'avance, ne
faisait que les paraphraser. Ces projets n'é-
taient ni imprimés ni distribués; et, quoiqu'ils fussent quelquefois très-étendus, on
était forcé de voter d'après ce qu'on en avait
pu saisir à la lecture faite par les orateurs,
sans qu'aucun sénateur eût la liberté de parler
pour faire sentir les inconvéniens qu'il aurait
pu y remarquer. Jusque là, ce ne sont pas
les membres du sénat qui sont les plus coupables.

On a dit, il est vrai, que le sénat aurait
dû, dès l'origine, s'opposer aux usurpations
de Napoléon, et avant que sa tyrannie eût
pris de la consistance. Mais c'est aussi ce que
le sénat a voulu faire ; et c'est *le funeste
engouement* de la nation pour *le héros vain-
queur et pacificateur,* qui a rendu ses pré-
cautions inutiles.

Le sénat instruit qu'on voulait donner à
Bonaparte, alors premier consul, une grande
marque de reconnaissance nationale, et crai-
gnant qu'on ne portât l'enthousiasme jusqu'à le
nommer *monarque , roi* ou *empereur ,* le

sénat se hâta de prolonger simplement son consulat de dix ans, par un sénatus-consulte du mois de floréal an X.

Ce décrét était loin de satisfaire l'ambition de Bonaparte, qui le reçut avec une extrême froideur. Ses partisans s'empressèrent de déclarer, dans le sein du tribunat et du corps législatif, que la récompense n'était pas proportionnée aux services. On en appela à la nation; et la nation séduite forgea elle-même les premières chaînes de sa servitude, en votant solennellement le consulat à vie; elle infirma ainsi le sénatus-consulte qui, par une manœuvre frauduleuse, disparut des recueils et de tous les registres des actes de ce corps.

La même manœuvre a été employée toutes les fois que le sénat a voulu donner quelque signe de résistance à l'oppression. M. le comte Dejean fut chargé, au mois de novembre dernier, du rapport sur le projet de sénatus-consulte relatif à la levée des trois cents mille hommes; et alors la tyrannie devenant chaque jour plus insupportable, et la dépopulation de la France plus sensible, il ne put s'empêcher d'exprimer énergiquement le besoin de la paix; mais son rapport fut tronqué dans l'impression qui s'en fit au *Moniteur*, et l'on en supprima tout ce qui pouvait faire connaître au public les véritables sentimens du rapporteur et du sénat.

Au mois de décembre aussi dernier, Bonaparte exigea du sénat et du corps législatif, des adresses dont l'objet était de rendre nationale une guerre qu'il était au contraire si urgent de terminer. Le sénateur qui avait été chargé de la rédaction de celle du sénat, lui soumit un rapport qui, pour la délicatesse du style et des pensées, ne laissait rien à desirer, mais que le sénat jugea n'être pas assez énergique, et ne pas présenter toutes les vérités qu'il voulait faire connaître à l'empereur ; après de vifs débats, la discussion de ce rapport fut continuée au lendemain. Mais, dès le lendemain même, ce rapport se trouva inséré au *Moniteur*, tel qu'il avait été d'abord présenté, et comme s'il eût été l'expression véritable des sentimens du sénat.

Le secret des délibérations du sénat n'a pas permis que le public fût instruit en détail de ce qui se passa dans ces deux séances mémorables , comme il l'a été de celles du corps législatif à la même époque ; mais personne n'ignore cependant que , malgré la présence de tous les grands dignitaires de l'etat , régnicoles, la nécessité de la paix, l'abus et le danger des conquêtes, le calcul des hommes sacrifiés à l'ambition, la violation de toutes les lois constitutionnelles et civiles qu'une guerre si longue et si funeste semblait autoriser, furent courageusement retracés ; que le tyran s'exhala en conséquence en reproches amers, en menaces violentes, et que, s'il n'osa pas alors renvoyer le sénat comme le corps législatif, il se passa depuis absolument de son intervention, et malgré ses besoins extrêmes, n'eût plus recours à lui, ni pour la levée des hommes, ni pour celle des contributions.

Tel était l'état des choses lorsque les chances de la guerre amenèrent jusque dans la capitale nos généreux ennemis. Tous les cœurs s'ouvrirent alors à l'espérance ; mais Buonaparte n'était qu'à quelques lieues avec une armée formidable encore. On connaissait les ressources de son génie, et le courage brûlant de ses troupes ; on redoutait quelque nouveau caprice de la fortune ; et à quelles atroces vengeances ne se serait-il pas livré ! Paris aurait été inondé de sang ; aussi toutes les autorités se taisaient ou étaient en fuite. C'est dans ce moment d'anarchie, de désertion et presque

de stupeur que le sénat, s'armant de son courage, prononce la déchéance du tyran, et, *pour
donner une direction unique aux esprits ,*
rappelle au trône les descendans d'Henri IV.

Cependant , en convenant de la nécessité
d'un sénat héréditaire , vous voudriez que le
sénat actuel , fondateur de cette constitution ,
et auquel, après les grands alliés , la maison
de Bourbon doit la première et la plus grande
reconnaissance , vous voudriez, dis-je, qu'il
fût excepté de cette hérédité, et que partageant la faiblesse de l'assemblée constituante
qui s'exclut elle - même de l'exécution de la
charte qu'elle avait établie , il livrât de suite
la sienne à l'envie d'innover , aux préjugés,
au caprices de membres tout nouveaux , qui
peut-être ne lui laisseraient pas plus de durée
que n'en eût celle de la constituante ! Mais
peut-on sérieusement proposer de pareilles
inconvenances à des princes renommés par
leur sagesse , leurs lumières et la bonté de
leur cœur , qui, pendant leur long séjour en
Angleterre , ont vu et admiré le modèle de
la constitution qu'on leur présente aujour-
d'hui , et se sont convaincus que les limites
mises au pouvoir de la couronne , n'en affai-
blissent ni l'éclat, ni l'intensité, et le rendent

seulement plus solide ; qui d'ailleurs , dans des proclamations solennelles (1) avaient déjà daigné rendre hommage aux talens et aux vertus du sénat français, avant même qu'il leur eût rendu ce dernier et important service.

. Il faut sans doute que le roi puisse appeler dans le sénat les grands généraux, les hommes d'état dont la France s'honore, et ceux de ses anciens serviteurs dont les noms et les vertus sont les mieux faits pour commander les respects de la nation. Mais environ soixante et dix places dont il peut disposer encore, la retraite vraisemblable des étrangers, et le décès nécessairement prochain de près de soixante vieillards qui ne laissent pas d'enfans mâles, lui donnent assez de moyens de satisfaire sa générosité.

Mais le sénat a eu l'audace de conserver son traitement !.... Oui, le sénat a eu cette audace, comme il a eu celle de conserver les pensions et traitemens de l'armée, du corps législatif actuel et de tous les magistrats, comme chacun a l'audace de conserver ce qui lui appartient ; et en vertu de quelle loi le

---

(1) *Voyez* notamment celle du 1er janvier 1814.

sénat qui pourvoyait à la conservation de tous les corps, de tous les individus en fonctions, pour rattacher tout le monde à la cause des Bourbons, se serait-il seul exclu de cette règle ?

Par la constitution du 22 frimaire an 8, sanctionnée par le peuple, il fut dit que le traitement de chaque sénateur serait égal au vingtième de celui du premier consul. Ce traitement, par le sénatus-consulte du 14 nivose an 11, fut déterminé en capital, et assigné sur le produit des forêts nationales, et sur des fonds situés hors de l'ancienne France, qui, depuis ont été vendus, et le prix placé dans la caisse d'amortissement. Il est expressément dit par le même sénatus-consulte, qu'il sera pris sur les revenus de ce capital les sommes nécessaires pour assurer une subsistance honnête aux familles des sénateurs après leur mort.

Le nombre des sénateurs, fixé d'abord à quatre-vingt, fut porté à cent vingt par le sénatus-consulte du 16 thermidor an 10, et enfin par celui du 28 floréal an 12, *approuvé par la nation*, et où celui du 14 nivose est formellement rappelé, il fut dit que, dans le cas où l'empereur voudrait excéder ce nombre de cent vingt, la dotation du sénat serait augmentée proportionnellement.

Le nombre des sénateurs se trouve maintenant de près de cent quarante (1), et cependant la dotation n'a pas été augmentée ; en sorte qu'au lieu de gagner quelque chose en partageant entre tous les sénateurs actuellement existans, la dotation que le gouvernement et le peuple avaient assignée aux cent vingt premiers nommés, ceux-ci y ont réellement perdu.

Ces vérités sont si notoires, il est d'ailleurs si connu que les sénateurs actuels n'ont pas en général une fortune suffisante pour soutenir leur dignité, qu'on aurait pu se dispenser de placer dans la constitution ce qui devait être l'objet d'un réglement nécessaire.

Mais une constitution est un contrat entre le prince et son peuple. Il est naturel et juste que chacun d'eux y stipule ses conditions. Le roi sera le maître de faire part de ses réflexions au sénat ; et le sénat, prévenu de sa haute sagesse, les recevra toujours avec respect. Il est bien persuadé que ce prince

---

(1) On ne le connaît pas exactement, à cause des démissions qui ont eu lieu ou qui sont annoncées.

n'aura jamais d'autre mobile que l'amour et le
bonheur des Français, auquel le sien propre
est intimement lié, et qu'à l'exemple de ce roi
d'Angleterre devant lequel on discutait les
avantages et les inconvéniens attachés à l'ob-
servation et à l'oubli des libertés de la nation, il dira que lui aussi veut être *l'homme
de son peuple.*

FIN.

www.ingramcontent.com/pod-product-compliance
Lightning Source LLC
Chambersburg PA
CBHW061805060726

47597CB00007B/3120